D RATION NATIONALE

Des Syndicats et Groupes Corporatifs Ouvriers

DE FRANCE

3ᵐᵉ CONGRÈS NATIONAL

BORDEAUX

OCTOBRE 1888

PRIX : 40 CENTIMES

BORDEAUX

IMPRIMERIE EN CARACTÈRES ET PAPETERIE DE BACALAN

32, QUAI DE BACALAN, 32

1888

FÉDÉRATION NATIONALE
Des Syndicats et Groupes Corporatifs Ouvriers
DE FRANCE

3ᵐᵉ CONGRÈS NATIONAL

BORDEAUX
OCTOBRE 1888

PRIX : 40 CENTIMES

BORDEAUX

IMPRIMERIE EN CARACTÈRES ET PAPETERIE DE BACALAN

32, QUAI DE BACALAN, 82

1888

FÉDÉRATION NATIONALE

Des Syndicats et Groupes Corporatifs Ouvriers de France

3ᴹᴱ CONGRÈS NATIONAL

BORDEAUX -- OCTOBRE 1888

SÉANCE D'OUVERTURE -- 28 OCTOBRE

Le citoyen Roux, délégué de Bordeaux au Congrès de Montluçon en 1887, ouvre la séance.

Il souhaite la bienvenue aux délégués représentant 250 chambres syndicales et groupes corporatifs ouvriers des diverses villes de France, et les invite à travailler avec calme, dignité et fermeté inébranlable à l'accomplissement du mandat dont ils ont chargés, en vue de retirer de ces assises du travail un avantage moral et matériel pour toute la classe des prolétaires, si maltraités par leurs exploiteurs capitalistes.

Il invite l'assemblée à nommer son bureau en déclarant que la commission d'organisation a achevé son œuvre et qu'elle remet ses pouvoirs au Congrès souverain.

Le citoyen Boulé, délégué de divers Syndicats de Paris, est nommé président.

Assesseurs : les citoyens Dormoy, délégué du Comité National de Montluçon et divers Syndicats de l'Allier, et Issartel, délégué des tanneurs-corroyeurs de Lyon.

Secrétaires : les citoyens Pasquier et Caradec, délégués des charbonniers du port de Bordeaux, et Bourgès, délégué des Syndicats de Marseille.

Le président Boulé adresse ses remerciements à l'assemblée pour l'honneur qu'elle lui fait de présider la séance d'ouverture du Congrès. Après une courte allocution, il fait l'appel des délégués.

La parole est ensuite donnée au secrétaire général Caradec pour la lecture du rapport de la Commission d'organisation.

RAPPORT

De la Commission d'Organisation

Lu par le Secrétaire-Général Caradec

Citoyens, Délégués et chers Collègues !

Le 2ᵐᵉ Congrès National des Syndicats et Groupes corporatifs ouvriers de France, réuni à Montluçon en octobre 1887, avait voté, sur la proposition du citoyen Giraud, de Lyon, et sur l'acceptation du délégué bordelais, le citoyen Roux, une résolution par laquelle il était décidé que le 3ᵐᵉ Congrès National serait tenu à Bordeaux en octobre 1888.

C'est en exécution de cette décision que les Syndicats ouvriers bordelais faisant partie de la Fédération nationale de France et de l'Union des Chambres Syndicales ouvrières de Bordeaux, nommèrent une Commission chargée de s'occuper de l'organisation du présent Congrès.

Aujourd'hui que cette œuvre a abouti et que le Congrès est actuellement réuni, la Commission a terminé sa tâche et épuisé ses pouvoirs. Il ne lui reste plus qu'à vous rendre compte de ses travaux.

Camarades,

Dès nos premières réunions, nous nous sommes trouvés aux prises avec l'éternelle difficulté par laquelle malheureusement, dans notre abominable société capitaliste, les meilleurs efforts des prolétaires ont été de tout temps paralysés et leurs meilleures tentatives rendues stériles: La question financière.

Certes, ce n'est plus les idées qui font défaut aux travailleurs, ni les conceptions pratiques, mais seulement les moyens de les réaliser.

Les organisateurs du Congrès de Montluçon connurent cette difficulté, à laquelle avaient pu échapper ceux du Congrès de Lyon, qui eurent à leur disposition plus de dix mille francs, parmi lesquels cinq mille francs accordés par le gouvernement, deux mille francs votés par le conseil municipal de Lyon et deux mille francs par le conseil général du Rhône, sans compter la réduction de moitié place obtenue des compagnies de chemins de fer, avec l'appui du gouvernement, pour tous les délégués au Congrès, ce qui permit aux Syndicats de se faire représenter à peu de frais.

Nous aussi, pour ne pas mériter le reproche d'avoir négligé de parti pris ces moyens de procurer des ressources au Congrès, nous avons voulu nous adresser au gouvernement, à notre conseil municipal et à notre conseil général, aussi bien qu'aux compagnies de chemins de fer. Mais, comme aux organisateurs du Congrès de Montluçon, on nous a répondu partout par un refus plus ou moins hypocritement motivé.

L'historique de nos démarches à cet effet est trop édifiant pour que nous ne le mettions pas sous vos yeux.

En ce qui concerne la demande d'une subvention gouvernementale, nous avons cru devoir tout d'abord réclamer l'appui de M. Lockroy, ministre de l'Instruction publique, nous souvenant que c'était lui qui, étant alors ministre du Commerce et de l'Industrie, avait accordé la subvention de cinq mille francs pour le Congrès de Lyon.

Nous reçûmes de lui la réponse suivante :

« Paris, le 13 juin 1888.

» Monsieur,

» Je vous remercie de vouloir bien me rappeler
» que j'ai pu être utile au premier Congrès des
» Syndicats ouvriers tenu à Lyon en lui faisant
» obtenir une subvention.

» Il n'était pas besoin cependant de ce souve-
» nir pour m'intéresser au troisième Congrès que
» vous organisez en ce moment. Je sais trop l'uti-

» lité de cette réunion, où se discuteront de nou-
» veau les intérêts communs des ouvriers, pour ne
» pas m'en préoccuper très sérieusement à l'heure
» où elle se prépare, et puisqu'une autre subven-
» tion est nécessaire, je ne manquerai pas, croyez
» le bien, de m'employer très activement pour la
» faire octroyer aux ouvriers.

» Recevez, Monsieur, l'assurance de mes sen-
» timents distingués.

» *Le Ministre de l'Instruction Publique*
» *et des Beaux-Arts,*

» LOCKROY. »

Les termes de cette lettre n'avaient rien que
d'encourageant car, à tort ou à raison, c'est une
conviction générale que, lorsqu'il leur plaît de
favoriser quelqu'un ou quelque œuvre, surtout
quand il s'agit d'un concours aussi minime, les
ministres peuvent à peu près tout ce qu'ils veu-
lent.

Toutefois nous ne négligeâmes pas, dans notre
accusé de réception, d'insister en faisant remarquer à M. Lockroy qu'en raison du peu de temps
restant pour organiser le Congrès, nous avions
besoin d'avoir une solution matérielle le plus tôt
possible.

Le temps se passait sans nouvelles.

Le 1er juillet, nous écrivions de nouveau à
M. Lockroy pour lui rappeler les termes bien-
veillants par lesquels il avait accueilli notre de-

mande et pour le prier de s'occuper de réaliser les espérances qu'il nous avait données. — Cette fois, voici quelle fût en substance la réponse.

« Paris, 3 juillet 1888.

» M. le Ministre de l'Instruction Publique
» vous engage à adresser votre demande à son
» collègue du Commerce et de l'Industrie auprès
» de qui il est tout disposé à l'appuyer.

» SIGNÉ : *Le secrétaire de M. Lockroy,*

X...

Immédiatement, suivant ce conseil, nous adressions notre demande de subvention à M. Legrand, ministre du Commerce et de l'Industrie, en lui donnant copie des deux lettres bienveillantes de son collègue.

Le 16 juillet, n'avant reçu aucune répon. et nous armant de persévérance, nous écrivîmes à M. Legrand pour lui confirmer notre précédente lettre, et lui faire remarquer encore combien il était urgent pour nous d'avoir une solution.

Voici ce qu'il nous répondit :

« Paris, le 10 août 1888.

» Monsieur, vous m'avez exprimé le désir de
» recevoir une subvention dans le but d'organiser
» le troisième Congrès national des Syndicats
» ouvriers de France. J'apprécie tout l'intérêt qui
» s'attache à ces réunions où les ouvriers sont
» appelés à discuter leurs intérêts communs, et

» j'aurais été heureux de pouvoir vous donner un
» témoignage de la sympathie du gouvernement
» de la République, en vous accordant une sub-
» vention qui vous aurait servi à couvrir les frais
» d'organisation du Congrès. Malheureusement,
» les crédits inscrits au budget du ministère du
» Commerce et de l'Industrie ont tous une affec-
» tation strictement limitée et il n'en existe
» actuellement aucun sur lequel il me soit permis
» de prélever une allocation de cette nature.

» Je le regrette bien vivement et vous prie de
» faire agréer à vos collaborateurs l'expression
» de mes respects.

» Recevez, Monsieur, l'assurance de ma par-
» faite considération.

» *Signé* : Pierre LEGRAND.»

Tous commentaires seraient superflus !
Cependant nous tenons à donner le texte de la
lettre par laquelle nous ne pûmes nous empêcher
de témoigner notre indignation à M. Legrand.

« Bordeaux, le 13 août 1888.

» A Monsieur le Ministre du Commerce
» et de l'Industrie.

» Monsieur le Ministre.

» Nous recevons votre lettre du 10 courant par
» laquelle vous répondez par un refus à notre de-
» mande de subvention.

» C'est avec une réelle stupéfaction que nous
» lisons les motifs de ce refus.

» Notre étonnement eût été modéré si ce refus
» avait eu pour base l'antipathie depuis si long-
» temps professée par les classes dirigeantes, qui
» ont la possession et la disposition de tous les
» moyens d'existence et d'action, envers les clas-
» ses déshéritées, envers la classe ouvrière dont
» les ressources sont si limitées que toute œuvre
» nécessitant une dépense de quelques milliers
» de francs lui est absolument interdite.

» Mais, que malgré les marques de sympathie
» données par votre lettre et par celles de
» M. Lockroy, c'est-à-dire par deux ministres,
» on en soit réduit à avouer que dans une grande
» nation comme la France, disposant d'un budget
» de quatre milliards, il n'est pas possible de
» trouver une malheureuse somme de cinq mille
» francs à mettre à la disposition de la classe
» ouvrière, pour une œuvre dont on reconnaît
» l'incontestable utilité, cela c'est une honte pour
» notre pays !

» C'est non seulement une honte pour le pays
» mais encore c'est une arme puissante que l'on
» donne aux révolutionnaires, qui auront là une
» nouvelle preuve irréfutable à l'appui de leurs
» appels à la révolte, en affirmant aux travailleurs
» qu'ils sont absolument abandonnés de notre
» Société et qu'ils n'ont qu'à compter sur eux-
» mêmes.

» Comment le gouvernement ne s'aperçoit-il
» pas de l'énorme faute qu'il commet ! Comment
» ne pas comprendre l'embarras dans lequel ces
» procédés d'abandon absolu des intérêts ouvriers
» mettent les partisans de la paix sociale !

» Non ! cela ne peut pas être le dernier mot du
» gouvernement. Et avant que de livrer cette dé-
» cision aux appréciations du Congrès du
» 28 octobre, nous voulons tenter une dernière
» démarche en vous exhortant, M. le Ministre,
» de concert avec M. Lockroy, votre collègue, à
» porter cette question devant le Conseil des
» ministres, afin que l'on trouve quelque part,
» par quelque combinaison que ce soit, une sub-
» vention aussi légitime, aussi nécessaire, aussi
» patriotique même, nous osons le dire.

» Car nous le répétons, si sur plus de quatre
» milliards, le budget de la France ne contient
» pas quelques milliers de francs pour la classe
» ouvrière, c'est une honte pour notre pays !

» Signé :
» *Le Secrétaire général,*
» CARADEC. »

En même temps, nous écrivions à M. Lockroy
pour lui faire connaître la réponse de M. Legrand
dont nous lui donnions copie. Nous lui disions en
terminant :

» Jamais on ne pourra faire croire que dans
» l'énorme budget de la France il ne se trouve

» pas un chapitre quelconque ouvrant la porte à
» un tel crédit... Que de sommes autrement con-
» sidérables sont gaspillées au profit de favorisés
» bien moins dignes que nous. — D'ailleurs vous
» avez bien su découvrir ce chapitre complaisant,
» vous, M. Lockroy, quand vous avez accordé
» cinq mille francs pour le Congrès de Lyon. »

Il est presque inutile de dire que l'une et l'autre
lettres n'obtinrent autre chose qu'un silence absolu.

Il convient d'ajouter, pour que nul ne puisse
objecter ni croire que nos lettres avaient pu
s'égarer ou ne pas arriver jusqu'aux ministres
destinataires, que toutes ont été mises recom-
mandées à la poste, dont nous avons retiré reçu.

Dans le même moment, un personnage à qui
nous donnions communication de cette correspon-
dance et qui se trouve bien placé pour être ren-
seigné sur ce qui se passe dans les régions
gouvernementales, nous faisait observer que nous
n'avions aucune chance d'obtenir une solution
« attendu que des instructions venaient d'être
» données partout, aux préfets, aux maires et
» autres agents du pouvoir, à l'effet d'empêcher
» autant que possible les réunions ouvrières, très
» redoutées en haut lieu, et cela sans brusquerie,
» habilement, de façon à ne pas soulever les sus-
» ceptibilités et les protestations bruyantes des
» intéressés ; par exemple, en faisant traîner en

» longueur les solutions, en n'envoyant les répon-
» ses ou autorisations que trop tard pour le but
» visé dans les demandes, etc. »

Il est vrai que l'exactitude de ces renseignements fût établie plus tard par les faits; entr'autres, il arriva ici à certains syndicats qui avaient
demandé pour leurs réunions des salles d'écoles
communales, de n'en recevoir l'autorisation officielle, qu'*après la date de ces réunions !...*

Toutefois, nous avouons que tout d'abord nous
demeurâmes incrédules en ce qui concernait
M. Lockroy, que nous ne pouvions croire capable
de se prêter à un tel rôle, lui qui s'était créé une
certaine réputation dans les partis avancés et dont
les paroles et les écrits autorisaient à le classer
parmi les républicains sincèrement dévoués à la
cause de l'émancipation ouvrière.

Il nous restait d'ailleurs un moyen de nous
confirmer dans cette bonne opinion : c'était de
faire appel à la bienveillance personnelle de
M. Lockroy. — Comment supposer, en effet,
qu'après nous avoir écrit, en qualité de ministre,
en ces termes que nous tenons à répéter :

« Je sais trop l'utilité de cette réunion où se
» discuteront de nouveau les intérêts communs
» des ouvriers pour ne pas m'en préoccuper très
» sérieusement, à l'heure où elle se prépare, et
» puisqu'une autre subvention est nécessaire, *je*
» *ne manquerai pas, croyez-le bien, de m'employer*

» *très activement pour la faire octroyer aux ou-*
» *vriers.* »

Comment supposer, disions-nous, qu'après nous
avoir aussi catégoriquement promis son concours
actif, un homme comme M. Lockroy, à qui on
attribue une grande fortune personnelle, sans
compter ses appointements de ministre, ne s'em-
presserait pas de nous venir en aide par une large
souscription personnelle, en présence du refus de
la subvention gouvernementale.

C'est dans ce sens que, à la date du 23 août,
nous lui adressions un appel :

« Si, malgré tout, lui disions-nous, on ne peut
» obtenir une subvention officielle, au moins que
» l'on nous tire d'embarras en nous aidant par
» quelques souscriptions privées à l'aide des-
» quelles nous en recueillerons facilement d'au-
» tres, entraînées par un si haut exemple. »

Aujourd'hui, 28 octobre, nous attendons encore
la réponse de M. Lockroy et sa souscription. Mais
nous ne désespérons pas cependant, notre foi en
lui est robuste. Nous savons à quelles lenteurs
sont condamnés des ministres constamment oc-
cupés par les soucis de la politique gouvernementale qui les absorbe, et nous avons confiance qu'un
jour ou l'autre nous recevrons de M. Lockroy un
pli chargé nous apportant sa généreuse obole...,
dont nous n'aurons plus besoin, il est vrai, mais
que nous lui promettons de ne pas refuser cependant....

Voici un fait qui permettra de bien juger le rôle de M. Lockroy en cette circonstance :

Quelque temps après les pourparlers dont nous venons de faire la relation, nous eûmes l'occasion d'écrire à un député pour le prier de recueillir en notre faveur des souscriptions parmi ses collègues.

Ce député, ignorant que nous avions déjà fait des démarches dans le même but, eut l'idée d'aller voir M. Lockroy pour le prier de nous faire obtenir une subvention semblable à celle qu'il avait jadis accordée au Congrès de Lyon. — Eh bien ! — on ne le croirait pas si nous n'en avions la preuve en mains, — M. Lockroy répondit à ce député comme s'il avait absolument ignoré nos démarches et leur résultat négatif ! — Il lui promit de s'occuper de notre demande et de l'appuyer auprès de son collègue du Commerce et de l'Industrie.

Le député en question s'empressa de nous en faire part, croyant évidemment nous apprendre une bonne nouvelle et nous engageant à adresser notre demande immédiatement au ministre.

Indignés de cette duplicité de M. Lockroy, nous nous empressâmes à notre tour d'envoyer à notre obligeant correspondant les pièces relatives à cette affaire, lui faisant remarquer que notre demande de subvention avait été déjà faite, qu'elle avait été refusée, que M. Lockroy le savait parfaitement, et qu'il s'était tout simplement moqué de lui.

En nous retournant les pièces, notre député témoignait de sa vive indignation : — « J'ai lu et je suis confondu ! »

Voilà quel homme est ce M. Lockroy, qui a si longtemps vécu sur la réputation usurpée dont il jouissait auprès des classes laborieuses.

Il y a dans le langage populaire un mot pour qualifier les auteurs de semblables agissements :

JÉSUITE !...

Si nous avons tenu à insister autant là-dessus, c'est parce qu'il importe essentiellement et plus que jamais à la classe ouvrière de connaître les hommes et de savoir, en les jugeant toujours d'après leurs actes, quels sont ceux qui la servent ou qui la trahissent.

Nous n'avons pas besoin de vous dire, camarades, que, malgré cet échec, nous avons continué notre mission ; nous avons songé à trouver ailleurs les ressources nécessaires à l'organisation du Congrès, et nous avons adressé une demande de subvention de deux mille francs au Conseil municipal de Bordeaux. Un des membres de cette assemblée, M. Bertin fils, se chargea de défendre notre cause, en nous donnant les plus chaleureuses assurances de dévouement.

Cette pétition a bien été lue en séance du Conseil municipal, mais elle n'y est jamais plus revo-

2

nue. Elle avait eu le malheur d'être enterrée, toute vivante, par des fossoyeurs trop pressés.

A ce sujet, il n'est pas sans utilité de rappeler ici qu'un journal local, dont les procédés sont parfois édifiants, ayant à défendre contre une autre feuille ses amis du Conseil, eût l'audace de prétendre et d'affirmer même que ceux-ci, tous, sans exception, avaient voté en faveur de la subvention demandée.

Ce véridique journal fut obligé le lendemain d'avouer qu'il s'était trompé — ou plutôt qu'il avait trompé ses lecteurs — en établissant une confusion avec le vote en faveur d'un Congrès mutualiste bourgeois.

Voici notre lettre de rectification qui fut publiée par les autres journaux, mais que l'honnête et loyal organe des opportunistes refusa d'insérer:

« Bordeaux, le 22 septembre 1888.

» A Monsieur le Rédacteur en chef de la *Gironde*
» et de la *Petite Gironde*.

» Vos journaux d'hier contenaient en chronique
» locale un article en réponse à celui de la *Vic-*
» *toire*, et relatif au refus de la subvention que
» nous avions demandée en faveur du troisième
» Congrès national des Syndicats ouvriers de
» France.

» Vous avez été certainement induit en erreur.
» Nous n'avons pas, pour le moment, à prendre
» parti dans le débat qui s'est élevé entre vos

» journaux et la *Victoire*. Nous voulons seulement
» rétablir la vérité des faits pour la population
» ouvrière intéressée, qui saura en tirer la con-
» clusion logique.

» Nous tenons à bien établir ceci, car le fait
» a une grande importance ; c'est que le conseil
» municipal, à qui nous l'avions adressée, n'a pas
» pu se prononcer pour ou contre notre demande
» de subvention, attendu que celle-ci a été ar-
» rêtée au passage par l'Administration et enter-
» rée en séance de la commission du budget, qui
» ne l'a même pas jugée digne d'être rapportée
« en séance du Conseil.

» Découragé par l'hostilité unanime et très
» caractérisée des membres de l'Administration
» et de la Commission, M. Bertin, qui s'était
» chargé de soutenir notre cause, n'a pas osé
» aller jusqu'au bout.

» Nous avons tout au moins le droit de trouver
» étonnant et regrettable que le Conseil munici-
» pal ne soit pas appelé à se prononcer sur les
» pétitions qui lui sont adressées, et que l'Admi-
» nistration, ou même une Commission, se per-
» mette de décider à sa place.

» Si notre pétition était venue en séance pu-
» blique, on eut pu connaître dans quel sens
» eussent voté les uns ou les autres. Vous voyez
» que tel n'est pas le cas.

» Nous comptons sur votre impartialité, M. le
» Rédacteur en chef, pour insérer cette rectifi-

» cation que nous communiquons à tous les jour-
» naux.

» Veuillez agréer nos salutations empressées.

» *Le Secrétaire général,*

« CARADEC.»

Pour tout enterrement, il est d'usage qu'on en-
voie aux amis du défunt des lettres de faire
part. Voici celle qu'on nous envoya de la Mairie
pour nous annoncer le décès de notre demande
de subvention.

« J'ai l'honneur de vous faire connaître que se
» plaçant au point de vue municipal, qui doit
» principalement entrer en ligne de comptes
» lorsqu'il s'agit des deniers de la ville, et con-
» sidérant que le Congrès que vous proposez
» d'organiser ne présente pas pour la population
» bordelaise un intérêt spécial ou une utilité
» particulière, l'Administration et la Commission
» des finances n'ont pas cru devoir accueillir la
» demande de subvention que vous aviez pré-
» sentée au nom de la Commission d'organisation.

» Signé :

» *Le Maire,* BAYSSELANCE.»

Nous ne nions pas que notre pétition n'était
bien malade, étant données les opinions anti ouvrières bien connues de la majorité des édiles
bordelais, mais encore une fois, pourquoi ne l'a-
t-on pas renvoyée, même accompagnée d'un rapport défavorable, devant le Conseil municipal,

pour être soumise à ses délibérations en séance publique ? Qui sait si, en face de l'opinion publique attentive, les conseillers n'eussent pas hésité à repousser une demande aussi modeste que légitime à eux adressée au nom, de la population ouvrière sur qui pèsent les plus lourdes charges sociales.

On a eu peur que le malade ne s'y rétablit, et on s'est empressé de l'étrangler pour le faire disparaître.

Décidément, ces gens-là ont la manie des enfouissements ! Eux aussi méritent leur épithète concluante. Nous les avons appelés :

CROQUE-MORTS !

Enfin nous nous sommes retournés vers le Conseil Général de la Gironde, devant lequel M. Delboy s'était chargé de prendre notre parti.

Prévoyant un refus à peu près certain pour une demande de deux mille francs, M. Delboy, nommé rapporteur de l'affaire, conclut avec notre assentiment à une allocation de cinq cents francs.

Il y a eu à ce sujet, de la part des opportunistes du Conseil, une manœuvre déloyale qui a été vivement flétrie dans la presse et dans le Conseil, et que nous devons flétrir ici encore.

Dans la séance où devait être lu le rapport de M. Delboy, le président-sénateur Dupouy, voulant escamoter la demande et la discussion, fit voter auparavant le budget qui devait clôturer les travaux du Conseil. — Il a fallu l'intervention de

M. Larrey et sa protestation énergique, pour forcer le président à mettre l'affaire en discussion.

Après lecture d'un rapport très favorable de M. Delboy, MM: Larrey et Ferret ont insisté, s'efforçant de démontrer au Conseil qu'il ne pouvait refuser une subvention de cinq cents francs pour l'étude des questions d'amélioration des classes laborieuses, alors qu'il venait de voter dix-sept mille francs pour l'amélioration des races chevaline, bovine et porcine.

Rien n'y a fait. Il a suffi pour enlever un vote défavorable, d'une observation aussi inopportune que fantaisiste d'un M. Castéja, engageant le Conseil à ne pas compromettre l'équilibre du budget, alors que ce budget venait d'être à l'instant arrêté avec un excédant de 1,450 francs. — Inutile de dire que tous les républicains opportunistes ont voté contre.

Voilà à quels procédés on se livre dans les conseils quand il s'agit des questions ouvrières. Comment veut-on que ces gens-là ne soient pas considérés comme des ennemis par la classe ouvrière et traités comme tels. — C'est le contraire qui étonnerait.

Nous nous sommes encore adressés aux grandes compagnies de chemins de fer pour obtenir une réduction du prix des places pour les délégués à notre Congrès. — Toutes sans exception, même l'administration des chemins de fer de l'Etat,

nous ont répondu par un refus plus ou moins hypocritement motivé. Il est à noter que quand il s'agit
d'un pélerinage à Lourdes, il n'en est pas ainsi
avec les directeurs juifs des grandes Compagnies.

Ces insuccès successifs n'ont pas été sans nous
décourager. Nous devons avouer que nous eûmes
un moment de défaillance; non pas, certes, que
nous ne nous soyons jamais fait illusion sur les
sentiments professés pour notre cause par les
classes dirigeantes de tous ordres. Mais il est
toujours décourageant de se retrouver après
chaque effort devant une caisse absolument vide,
alors que l'on doit pourvoir à de lourdes dépenses. — Nous aurions peut-être alors renoncé à la
tâche si nous n'avions eu à cœur de faire honneur à l'engagement pris par notre délégué Roux,
au Congrès de Montluçon.

Revenus de ce moment de faiblesse, nous réso-
lûmes de nous fermer toute porte de sortie en
nous acculant volontairement à une situation dont
il faudrait se tirer ensuite à tout prix. — La circulaire suivante fut aussitôt rédigée et envoyée à
tous les Syndicats et Groupes corporatifs ouvriers
de France :

« Camarades,

» Le 2me Congrès des Syndicats ouvriers de
France, tenu à Montluçon en 1887, a décidé que
le 3me Congrès aurait lieu à Bordeaux en 1888.

» Les travailleurs bordelais ont ressenti l'honneur qui leur était fait par le choix de leur ville,

et aussi la responsabilité qui leur incombait de ce fait. — Ils sont résolus à consacrer tous leurs efforts à la bonne organisation de ce Congrès et à préparer une bonne et digne réception à leurs collègues des autres villes, avec lesquels ils seront heureux de fraterniser.

» Nous ne saurions mieux faire que de rappeler ici les termes de la circulaire qui vous fut adressée, l'an dernier, par le Comité national siégeant à Montluçon :

« Camarades,

» Toutes les fois qu'il s'agit de terrasser les » travailleurs, les capitalistes les plus blancs » tendent la main aux capitalistes les plus rou- » ges.

» Pour le capital, il n'y a pas de patrie, pas » plus qu'il n'y a d'écolo !

» Faisons donc de même : que la lutte qu'on » nous impose se fasse sur le terrain du travail, » car là, nous sommes tous d'accord, tous nous » souffrons du même mal, tous nous aspirons à » vivre.

» Aussi le Conseil national ne cessera-t-il de » répéter : — Frères de misère, mettez de côté » toutes les petites difficultés qui ont pu se pro- » duire jusqu'aujourd'hui, pour ne songer qu'aux » intérêts généraux, pour ne voir dans la tâche » que la Fédération nationale s'est imposée que » *notre émancipation qui ne peut être l'œuvre que des* » *travailleurs par les travailleurs eux-mêmes.*

» Nous sommes persuadés qu'après avoir pris
» connaissance des statuts ci-dessous, vous vous
» empresserez d'adhérer à la Fédération et qu'au
» prochain Congrès national, qui se tiendra en
» octobre 1888 à Bordeaux, ce ne sera plus deux
» cents Syndicats qui seront représentés, mais
» bien la grande majorité, sinon l'unanimité, des
» Syndicats ouvriers.

» Vive l'émancipation des travailleurs par les
» travailleurs eux-mêmes !

» Pour le Comité national,

> » *Le Secrétaire,*
>
> » J. Dormoy. »

» Camarades,

» Comme vous le voyez par l'article 22 des
statuts de la Fédération, l'ordre du jour du prochain Congrès doit être fixé par notre Conseil local,
d'accord avec le Conseil national.

» Mais d'autre part, l'article 23 stipule que les
Syndicats pourront désigner au Conseil national,
trois mois avant l'ouverture du Congrès, les questions qu'ils reconnaîtront les plus utiles à être
discutées, et dont le classement sera fait par le
Comité national, qui le transmettra au Conseil
organisateur. »

» En conséquence, nous faisons un pressant appel à tous les Syndicats ouvriers de France pour
qu'ils veuillent bien signaler le plus tôt possible
au citoyen J. Dormoy, rue de la Paix, à Montlu-

çon, secrétaire du Conseil National actuel, les questions qu'ils désirent voir mettre à l'ordre du jour du Congrès de 1888.

» L'ordre du jour définitif du Congrès sera ensuite publié et communiqué à tous les intéressés, par la voie de la presse et par circulaire.

» Camarades,

» Plus nous allons, et plus s'approche l'heure où le Prolétariat devra prendre en mains la direction des affaires publiques dont les partis bourgeois, tombés les uns après les autres dans l'impuissance la plus incurable, ne savent plus s'occuper qu'au profit de leurs intérêts les plus égoïstes et les plus misérables.

» Il faut que par la réflexion et l'étude, les travailleurs s'appliquent à acquérir la capacité nécessaire pour arriver à résoudre, au mieux des intérêts et du bien-être de tous, les grands problèmes sociaux qu'ont posés les profondes transformations économiques accomplies.

» Vive la République sociale !

» POUR LE COMITÉ LOCAL DE BORDEAUX :

» *Le secrétaire général,*

» CARADEC. »

A cette circulaire était joint l'appel suivant :

3ᵉ CONGRÈS NATIONAL DES SYNDICATS OUVRIERS 1888.

» APPEL

» *Du Comité organisateur à tous les Syndicats fédérés.*

» Camarades,

» Pour organiser un Congrès National, de grands frais sont nécessaires. — Le 1ᵉʳ Congrès, Lyon

1886, eut plus de dix mille francs de subventions diverses. — Le 2ᵉ, Montluçon 1887, eut à sa disposition le reliquat du premier.

» Pour le 3ᵉ, à Bordeaux, nous sommes réduits à nos seules ressources, et cela dans un moment où le prolétariat de notre ville est cruellement frappé par une crise sans précédent.

» Cependant il importe que cette troisième assise du travail soit organisée convenablement, car les questions à traiter sont de jour en jour plus graves et plus palpitantes. — Nous ferons, ici, tous nos efforts, mais il faut qu'on nous aide. — Nous prions chaque Syndicat de nous envoyer ce qu'il pourra, mais immédiatement, le temps presse.

» En attendant le plaisir de fraterniser avec tous nos amis délégués de France, nous leur disons avec confiance : A bientôt!

» *Pour le Comité,*

» Caradec, secrétaire général.

» Bach, trésorier, 24 rue Deyries,

» Bordeaux. »

En même temps, nous faisions circuler à Bordeaux des listes de souscriptions précédées de l'appel suivant :

« SOUSCRIPTION

» *Pour l'organisation du 3ᵉ Congrès National des Syndicats Ouvriers à Bordeaux en Octobre 1888.*

» Appel aux Travailleurs Bordelais.

» Camarades,

» Le 2ᵉ Congrès des Syndicats Ouvriers, tenu

l'an dernier à Montluçon, a décidé que le 3° Congrès aurait lieu en octobre 1888 à Bordeaux.

» Nous croyons que les travailleurs bordelais, heureux et honorés du choix qu'on a fait de leur ville pour cette nouvelle assise du travail, tiendront à cœur d'organiser dignement ce Congrès, et de prouver à leurs camarades qui viendront de tous les points de la France ouvrière, qu'ils connaissent leurs devoirs de fraternité et de bonne hospitalité.

» Pour cette œuvre, il faut de grands frais. Nous comptons sur le dévouement de tous ceux qui ont le sentiment de la solidarité ouvrière pour mener notre tâche à bonne fin.

» *Pour la Commission d'organisation,*

» *Le Secrétaire-général,*

» Caradec.

» *Le Trésorier-général,*

» Bach, 24, rue Deyries.»

Pour compléter cette propagande, nous envoyâmes aux 900 journaux de France et d'Algérie, sans distinction d'opinions, une circulaire les priant d'insérer cet avis :

« Congrès Ouvrier de Bordeaux

» On nous prie d'insérer la note suivante :

» Le 3ᵐᵉ Congrès national des Syndicats et Groupes corporatifs ouvriers, faisant suite à ceux de Lyon 1886 et de Montluçon 1887, aura lieu cette année à Bordeaux, du 28 octobre au 4 novembre.

» Tous les Syndicats et Groupes ouvriers sont invités à signaler immédiatement les questions qu'ils désirent voir mettre à l'ordre du jour du Congrès. Le classement en sera fait et l'ordre du jour définitif sera ensuite publié.

» Dans chaque ville, les divers groupes ouvriers sont priés de s'entendre en vue d'envoyer au Congrès au moins un délégué local, sinon un pour chaque corporation.

» S'adresser, pour toutes communications et renseignements, soit au secrétaire du Comité national, M. J. Dormoy, rue de la Paix, à Montluçon, soit à Bordeaux, au Comité organisateur, rue de la Boëtie, n° 4, secrétaire Caradec. »

Relativement à l'appel fait aux Syndicats, nous nous disions que si chacun des 200 Syndicats environ qui font partie de la Fédération nationale, envoyait pour sa part une souscription de 5 francs en moyenne, nous aurions recueilli bientôt, en y joignant les souscriptions bordelaises, de quoi parfaire à toutes les dépenses du Congrès. — Et certes nous eussions été heureux véritablement de ne devoir exclusivement nos ressources qu'aux efforts solidaires de notre classe. Mais de ce côté encore nous ne nous faisions pas d'illusions, sachant bien qu'au milieu de l'épouvantable crise qui paupérise et décime la population ouvrière dans le monde entier, bien peu de Syndicats seraient en mesure de nous venir en aide.

Malgré nos répugnances, et dominés toujours par cette préoccupation de faire dignement honneur à la parole donnée par votre délégué à Montluçon, nous eûmes recours à ce moyen on ne peut plus rebutant, désagréable, pénible, d'aller solliciter des souscriptions bourgeoises, qui ne s'obtiennent qu'en spéculant sur les sympathies sincères ou simulées, sur les ambitions et sur les visées des personnages en vue. — Nous devons le dire, ne serait-ce que pour nous soulager d'une contrainte longuement endurée, cette partie de notre tâche a été la plus ingrate, la plus difficile, la plus laborieuse, la plus susceptible de décourager ceux que la conscience d'un grand devoir à remplir n'a pas rendus inaccessibles à toutes les défaillances, jusqu'à ce que le but soit atteint.

Camarades,

Nous vous ferons grâce de l'énumération des nombreuses démarches faites et des plus nombreuses lettres écrites à cet effet. Nous nous bornerons à vous apprendre qu'elles nous ont procuré beaucoup de souscriptions envoyées par des députés, par des conseillers municipaux, départementaux et généraux, et par des personnalités diverses.

D'autre part, l'appel aux Syndicats de France nous a valu de nombreuses et touchantes preuves de solidarité ouvrière, accompagnant des lettres

affectueuses de camarades avec lesquels, quoi-
qu'ils nous fussent inconnus, nous avons éprouvé
un véritable bonheur à correspondre. De cette
quantité de lettres venant de tous les points de la
France, nous avons pu tirer cette constatation :
que *partout unanimement* se manifestent les mêmes
aspirations vers la fin d'une situation sociale
écrasante, qu'on ne peut plus supporter.

Nous avons réuni à votre Commission de con-
trôle, la liste détaillée de toutes ces recettes, dont
le détail dépasse actuellement 1,400 francs.
Et il y a encore beaucoup de listes de souscriptions à rentrer.

Chers collègues,

Une des questions les plus importantes qui
aient sollicité notre attention, a été de rechercher
les moyens les plus pratiques pour arriver à réunir
autant que possible sur le terrain d'un commun
examen des intérêts ouvriers, la plus grande majorité, sinon l'unanimité des Syndicats et Groupes
corporatifs ouvriers de France.

Il est certes bien vrai, évident, indéniable, que
partout, dans toutes les villes comme dans toutes
les nations, les souffrances, les besoins, les misères et les intérêts de la classe ouvrière, sont identiques, et que partout, les travailleurs ont une
commune aspiration à une meilleure condition
sociale.

Pourquoi faut-il donc qu'au lieu de s'unir étroitement, en vue de s'entr'aider pour atteindre le but commun, il y ait tant de divisions parmi eux, causées par de misérables questions politiques et par de sots préjugés basés sur l'ignorance et qu'entretient habilement la bourgeoisie capitaliste à qui profitent ces divisions.

N'est-il pas vraiment regrettable et préjudiciable à nous tous par répercussion, de voir des hommes ayant le plus souvent les mêmes idées et les mêmes vues, dans tous les cas les mêmes besoins et les mêmes intérêts, se diviser et se traiter en ennemis pour une question de drapeau diversement interprétée, et cela, avant même toutes discussions ou explications pouvant dissiper les malentendus ?

Combien souhaitable il serait de s'efforcer par tous les moyens de rassembler, de mettre en présence tous les éléments ouvriers sans distinctions pour les faire s'expliquer entre eux sur leurs intérêts purement corporatifs et de classe, à l'abri de toutes influences et préoccupations de politique générale dont nous n'avons que faire en somme.

Pour tous les travailleurs, il ne devrait y avoir qu'une seule politique, celle de leur classe, car pendant qu'ils se disputent en épousant les querelles, les inimitiés ou les préférences de leurs maîtres économiques, ceux-ci continuent plus que jamais à les exploiter et à les asservir.

. Ah ! ceux-ci ne s'y trompent pas et ils y voient clair ; les patrons et les capitalistes comprennent fort bien à quels dangers seraient exposés leurs privilèges si ces divisions ouvrières venaient à cesser, et si toutes les victimes de l'exploitation capitaliste se liguaient contre eux !... Aussi avec quelle habileté, avec quelle persévérance les voit-on entretenir, ou faire entretenir par leurs valets, ces divisions protectrices et les préjugés des ignorants qu'ils ameutent contre leurs frères plus clairvoyants.

Avec quels soins, au prix de quelles manœuvres les voyons-nous s'efforcer d'éviter entre les uns et les autres un contact qui pourrait amener de cordiales et de franches explications, précédant de près une réconciliation.

Toute la tactique des ennemis de l'émancipation ouvrière est là : *éviter le contact*.

Leur tactique, précisément, nous trace infailliblement la nôtre : *créer le contact et laisser faire*.

Or, un des meilleurs moyens employés par nos adversaires, celui qui leur réussit presque toujours pour arrêter les ouvriers ignorants, timides ou timorés, qui pourraient être tentés de venir prendre part à nos débats, désireux de s'éclairer sur des questions qui touchent à leur condition, c'est-à-dire à leur vie même, *c'est de leur parler du drapeau rouge*, en donnant à cet étendard universel des revendications ouvrières une signification malfaisante, effrayante et méprisable, de nature à inspirer l'aversion ou tout au moins la défiance.

Ils leur représentent aussi le drapeau rouge comme ne pouvant servir à rallier que des canailles et des bandits dont ils ne voudront pas être.

Ils leur font croire surtout que nous opposons le drapeau rouge au drapeau tricolore, ce qui est un abominable mensonge, spéculant ainsi sur les sentiments de patriotisme qu'ils connaissent aux masses naïves.

Il ne faut jamais cesser de le répéter en toutes occasions, le drapeau rouge et le drapeau tricolore ne sont pas opposés l'un à l'autre, mais ont une signification bien distincte. — Alors qu'au drapeau tricolore, comme à tous les autres drapeaux nationaux, est attachée une idée de peuple, de patrie, de territoire, de frontières, pouvant inté-resser tous les êtres compris dans ces délimita-tions, le drapeau rouge, lui, ne doit éveiller et ne représente en effet qu'une idée de classe, de con-dition économique et sociale.

Voilà ce qu'on se garde bien de dire loyalement à ceux qu'on veut abuser pour les exploiter et les asservir plus facilement.

Il est évident que sous l'impression de ces ca-lomnies, ces ouvriers ne viendront jamais vers nous, ou qu'ils conserveront longtemps le bandeau que d'habiles et jésuitiques meneurs s'emploient à our maintenir sur les yeux pour leur cacher la vérité de leur situation.

Comment les détromper ?

Comment leur désiller les yeux ? Comment leur faire comprendre que toujours et partout les ouvriers ayant une même situation ne peuvent avoir que des intérêts identiques ; — qu'il y a par conséquent nécessité à ce qu'ils forment entre eux un parti de classe, distinct de tous les autres quels qu'ils soient, à l'exclusion de toutes préoccupations de politique générale ou nationale.

Que par ce fait, la classe ouvrière doit avoir un drapeau de ralliement distinct, un drapeau économique et de classe.

Que ce drapeau, de quelque couleur qu'on le choisisse, doit être logiquément le même partout, où que ce soit, parce que partout on retrouve toujours ces mêmes éléments en présence : une classe ouvrière de plus en plus misérable, travaillant, peinant et produisant pour l'autre classe de plus en plus riche, oisive et opulente.

Que depuis longtemps, le drapeau rouge se trouve avoir été adopté à ce titre par les prolétariats de toutes les nations, et qu'alors il devient inutile de le discuter en présence du fait acquis que nous ne pouvons ni ne devons détruire. Qu'il n'y a qu'à accepter le drapeau rouge par ce seul fait qu'il existe actuellement comme drapeau universel de la classe ouvrière.

Nous avons la profonde conviction qu'une fois

les uns et les autres mis en présence, et ces explications cordialement échangées, il ne pourrait plus y avoir qu'une seule manière d'envisager le drapeau rouge et que cette cause d'éloignement n'existerait plus désormais.

Voilà à quelles préoccupations nous avons obéi lorsque, à la fin d'août, nous avons publié dans plusieurs journaux de Paris et de province la note suivante ;

« APPEL AUX TRAVAILLEURS

» Le Comité d'organisation du troisième Congrès national des Syndicats ouvriers et Groupes corporatifs de France rappelle à tous les intéressés que la tenue de ce Congrès aura lieu, du dimanche 28 octobre au 1 novembre inclus, dans la grande salle du théâtre Saint-Paul, rue des Facultés.

» Afin de dissiper tout malentendu, et aussi pour mettre un terme aux sourdes menées de certains dont la personnalité ne peut se soutenir que par les divisions ouvrières, et dont l'acharnement commence à devenir révoltant, le Comité rappelle que *tous les Syndicats et Groupes corporatifs ouvriers de France, sans aucune distinction de nuances ni d'opinions,* sont invités à participer audit Congrès.

» Se rappelant que la question du drapeau rouge, — question fort mal comprise de la plupart — avait soulevé aux précédents Congrès des incidents que les semeurs de divisions ont habilement grossis et exploités, le Comité organisateur du

Congrès de Bordeaux a décidé que pour éviter toute cause de discorde dans les rangs ouvriers et pour enlever à tous tout prétexte d'abstention, il ne serait étalé absolument aucun drapeau ni emblème dans la salle du Congrès.

» Nous rappelons également que *tous indistinctement ont le droit de signaler à l'avance les questions qu'ils désirent faire mettre à l'ordre du jour du Congrès.* — A cet égard, toutefois, nous prions ceux qui voudraient profiter de cette faculté de vouloir bien se hâter d'envoyer leurs questions, car l'ordre du jour définitif du Congrès va être arrêté incessamment pour pouvoir être publié et étudié à temps.»

Le passage de cette circulaire relatif au drapeau rouge nous a valu des félicitations mais aussi des critiques. Nous avons répondu aux auteurs de celles-ci en leur donnant des explications qu'ils nous ont avoué trouver satisfaisantes.

Quoi qu'il en soit de ces approbations ou de ces blâmes, nous avons la conscience d'avoir fait notre devoir et la conviction de n'avoir agi que pour le bien de notre cause commune.

Ayant à préparer le Congrès des Syndicats et Groupes corporatifs ouvriers de France, sans aucune distinction indiquée, nous avons pensé que le premier devoir des organisateurs était de faciliter à tous l'accès de ce Congrès, en évitant, autant que possible, tout ce qui serait de nature à empêcher une fraction de la classe ouvrière d'y assister.

Que certains travailleurs aient tort ou raison dans leurs préventions contre le drapeau rouge, ils n'en sont pas moins nos frères de travail et de misère, et il nous a paru qu'il serait souverainement injuste, pour une question de décoration en somme d'ordre secondaire, de les tenir à l'écart de nos délibérations.

Chers Collègues,

C'est maintenant à vous de trancher cette question.

La Commission d'organisation cessant ses pouvoirs au moment même de l'ouverture du Congrès, elle n'a pas à vous dicter des conditions. Elle ne peut que vous exprimer ses désirs et vous en exposer ses raisons,

Nous nous inclinerons tous, en dernier lieu, devant les décisions du Congrès souverain.

Nous avons essayé de donner à nos appels la publicité la plus étendue. A cet effet, nous avons envoyé nos communications, avec prière d'insérer, aux neuf cents journaux de France et d'Algérie, sous aucune distinction d'opinions.

Un très grand nombre les ont insérées. Nous les en remercions ici.

Il y en a qui se sont livrés à des commentaires plus ou moins exacts. Rien à dire à cela, toutes les opinions sont libres.

Mais nous ne saurions passer sous silence la conduite de l'un d'eux, le seul d'ailleurs qui, parmi toute la presse française, ait osé agir avec une mauvaise foi aussi cynique. Ce journal est le même dont il a déjà été question à propos de la subvention municipale, c'est l'organe des opportunistes, la *Gironde*, qui semble s'être fait une spécialité de la malhonnèteté dans la polémique.

Voici ce que la *Gironde* publiait il y a quelques jours :

« LOUISE MICHEL A BORDEAUX.

» Le groupe socialiste de la rue de la Boëtie qui a pris l'initiative du Congrès ouvrier, avait invité la citoyenne Louise Michel à présider une réunion à Bordeaux, où elle aurait pris la parole au sujet de l'ouverture du Congrès, qui aura lieu le dimanche 28 octobre.

» Cette réunion avait été fixée à samedi prochain et devait se tenir à la salle Saint-Paul. Mais l'amie de M. le marquis de Rochefort-Luçay a décliné l'invitation dans un avis qu'elle a fait insérer dans le *Cri du Peuple :*

« Il est fâcheux, écrit-elle, que les amis de
» Bordeaux ne m'aient pas comprise. Je ne tarde
» pas pour me faire prier, mais parce qu'il m'est
» absolument impossible de quitter Paris en ce
» moment. »

» Louise MICHEL.

» 16 octobre 1888. »

» On nous assure, mais nous donnons la nouvelle sous toutes réserves, que le groupe, en présence du refus de la citoyenne Louise Michel, songerait à faire appel au concours de la citoyenne Hubertine Auclerc, aujourd'hui mariée. »

Tout cela étant absolument faux, nous adressions au journal la lettre suivante :

« Monsieur le Rédacteur en Chef de la *Petite Gironde.*

» La Commission d'organisation du troisième Congrès national des Syndicats ouvriers qui doit se tenir à Bordeaux, du 28 octobre au 4 novembre, vous invite à démentir les informations erronées que vous avez publiées hier dans un entrefilet intitulé : *Louise Michel à Bordeaux.*

» Vous dites que c'est *le groupe socialiste de la rue de La Boëtie qui a pris l'initiative du Congrès.* C'est absolument inexact. Ce sont *les Syndicats ouvriers faisant partie de la Fédération nationale* qui ont exécuté une décision prise par le précédent Congrès de 1887, portant que le troisième Congrès annuel serait tenu à Bordeaux en octobre 1888. Il n'y a pas eu d'initiative prise, vous le voyez, mais exécution d'une décision antérieure. De plus, les groupes socialistes n'ont rien à voir dans cette affaire. Nous devons vous apprendre, si vous l'ignorez, que les socialistes auront leur Congrès annuel à Troyes à la fin de novembre.

» Vous dites encore que les organisateurs du Congrès avaient invité la citoyenne Louise Michel à venir présider une réunion, invitation qu'elle aurait refusée. Nous n'avons jamais écrit à la citoyenne Louise Michel et elle n'a pas eu à nous répondre. A cela près, tout le reste est exact....

» La réponse de la citoyenne Louise Michel dans le *Cri du Peuple* ne nous concerne nullement.

» Nous voulons croire que votre bonne foi a été surprise. Cependant, il faut constater que si certains ennemis avaient eu l'intention de discréditer notre Congrès, ils n'eussent pas pu mieux rédiger l'information, ou pour mieux dire *l'insinuation* en question.

» Agréez, etc.

  » Pour la Commission :

    » *Le secrétaire général*, Caradec.»

Comme toujours lorsqu'il s'agit de notes embarrassantes ou gênantes, la *Gironde* n'inséra pas notre lettre. Mais, obligée à rectification de la fausse nouvelle, elle le fit de telle manière que ce fut pire. On va en juger :

« Le Congrès « ouvrier ».

»A propos de la note que nous avons publiée hier sur la citoyenne Louise Michel, nous recevons du secrétaire général du groupe qui s'intitule « commission d'organisation du troisième Congrès national des Syndicats ouvriers » une longue lettre qui porte sur les deux points suivants:

» 1° Ce n'est pas le groupe socialiste de la rue de La Boëtie qui a pris l'initiative du Congrès; ce sont « les Syndicats ouvriers faisant partie de la Fédération nationale » qui ont exécuté une décision prise en 1887 par le précédent Congrès. Notons en passant que l'Union syndicale ouvrière de Bordeaux et du Sud-Ouest, c'est-à-dire la représentation autorisée de la population ouvrière de notre ville, n'a pas adhéré à ce prétendu Congrès national, où, comme l'on l'a vu par les sessions précédentes, toutes sortes de groupes et d'individus qui n'ont d'ouvrier que le nom, donnent libre carrière aux plus extravagantes élucubrations politico-socialistes. Dans les anciens Congrès ouvriers, il y avait lutte entre l'élément modéré, honnête, travailleur, et l'élément révolutionnaire socialiste. Dans les Congrès nouvelle manière, le premier de ces éléments a disparu.

» 2° Ce ne sont pas les organisateurs du Congrès qui avaient invité la citoyenne Louise Michel à venir à Bordeaux. — C'est, en effet, le citoyen Sébastien Faure (il prend la peine de nous écrire à ce sujet) qui, de passage à Bordeaux, a eu l'idée d'inviter la citoyenne Louise Michel à venir, en compagnie du citoyen Félix Pyat, se faire entendre à Bordeaux dans une conférence qui aurait lieu à l'Alhambra, et qui, du coup, est tombée dans l'eau. »

En ce qui la concerne, l'Union des Chambres syndicales ouvrières de Bordeaux, réunie en

assemblée générale de ses dix-huit Chambres
adhérentes, a voté une énergique protestation
contre le mensonge flagrant commis par la *Gironde*
lorsqu'elle avance que la représentation autorisée
de la classe ouvrière bordelaise est l'Union syndicale du sud-ouest; singulière Union ouvrière,
qui renferme dans son sein des patrons riches et
cléricaux, en même temps que des voyageurs de
commerce et aussi certains individus louches et à
profession indécise parmi lesquels figure un journaliste-policier du *Moniteur des Syndicats
ouvriers*, l'organe du bureau des Sociétés profes-
sionnelles attaché au ministère de l'intérieur.

Il est facile de concevoir pourquoi la bourgeoisie a intérêt à ne reconnaître que cette Union
comme représentant la classe ouvrière....

La dite Union comprend bien quelques Syndicats ouvriers ayant une existence réelle, qui ont
pu se laisser entraîner légèrement par leurs meneurs à la remorque des gens dont nous venons
de parler. Mais leur adhésion est plus acciden-
telle que sincère, nous le savons. Nous savons
aussi tout le mal que se donne et toute l'activité
que dépense le journaliste-policier en question
pour retenir encore à lui ces Syndicats près à lui
échapper à la moindre occasion propice. La dé-
bandade a déjà commencé par la démission du
Syndicat des boulangers qui est venu porter son
adhésion à l'Union ouvrière, où il a été cordia-

lemont accueilli comme le seront tous les autres à leur tour.

C'est dans cette Union, la seule qui puisse se dire véritablement autorisée à représenter la classe ouvrière bordelaise, elle qui ne contient que des ouvriers, que seront bientôt rentrés tous les Syndicats de notre ville, et où ils ne se laisseront guider que par leurs intérêts communs librement discutés.

En ce qui concerne les Congressistes de la Fédération nationale, il vous appartient ici, citoyens délégués, de faire justice des calomnies de la *Gironde*, qui voudrait bien laisser s'accréditer cette version : que les précédents Congrès de Lyon et de Montluçon étaient formés par toutes sortes de groupes et d'*individus* n'ayant d'ouvrier que le nom !

Il nous reste à parler de l'ordre du jour du Congrès.

Conformément à l'article 23 des statuts de la Fédération nationale, nous avons fixé cet ordre du jour de concert avec le Comité national, siégeant à Montluçon, en choisissant parmi les questions proposées par les Syndicats de France, celles qui, par leur répétition, nous étaient indiquées comme faisant l'objet des préoccupations les plus générales.

Voici cet ordre du jour qui, d'aujourd'hui au 4 novembre, va être soumis à vos délibérations :

1re *Question* : Modification des Statuts de la Fédération.

2me *Question* : Des Bourses du travail. — (*a*) De leur utilité. — (*b*) De leur organisation. — (*c*) De leur généralisation. — (*d*) De leur fédération.

3me *Question* : Des grèves.

4me *Question* : De l'utilité et de l'action des Syndicats.

5me *Question* : Des Congrès internationaux.

6me *Question* : De la machine et de ses conséquences.

7me *Question* : Du travail des femmes et des enfants.

8me *Question* : De la marine marchande et des inscrits maritimes.

9me *Question* : Des ouvriers étrangers.

10me *Question* : Des moyens à employer pour assurer l'application des mesures votées dans les Congrès de la Fédération, et notamment de celles votées à Lyon et à Montluçon : Minimum de salaires; — Journée de huit heures; — Interdiction du marchandage; — Responsabilité des patrons en matière d'accidents; — Mise à la charge de la Société de l'enfance, de la veillesse et des invalides du travail; — Suppression des bureaux de placement; — Abrogation de la loi sur l'Internationale; — Législation internationale du travail, etc.

Cet ordre du jour a été communiqué à tous les Syndicats et Groupes corporatifs de France par l'envoi sous bande du journal le *Travail national* qui le contenait.

Nous l'avons fait également publier dans tous les journaux de France, comme notre premier appel.

Cet ordre du jour était suivi de l'appel suivant, qui est notre dernier.

« APPEL AUX TRAVAILLEURS DE FRANCE

» Nous croyons qu'il serait superflu, en ce moment où le prolétariat est décimé par une épouvantable crise de chômage et de misère, en même temps que par un patronat rapace et inhumain, d'insister longuement sur la nécessité pour les travailleurs de faire entendre bien haut, toujours plus haut, en les unissant dans un chœur retentissant, leurs plaintes et leurs revendications.

» Voilà trop longtemps que nos vœux demeurent lettre morte pour les classes dirigeantes, qui ne se donnent même pas la peine de les examiner, comptant sur notre impuissance et notre mollesse. Et cela durera tant que nous ne saurons pas mettre au service de notre cause assez d'énergie et d'audace pour jeter l'inquiétude chez nos exploiteurs.

» Certes, c'est unanimement que les travailleurs sont las de cette existence de privations et de misère, de fatigues exagérées et de souffrances

imméritées. C'est unanimement qu'en leur for
intérieur ils se révoltent contre l'injustice de leur
condition et qu'ils aspirent à un sort plus équita-
ble, plus digne, plus humain. — Pourquoi donc
faut-il que, par une sorte de fatalisme invincible,
cette révolte ne se traduise que par une résigna-
tion et une indifférence désespérantes ? N'est-ce
donc pas beaucoup de notre faute, à nous travailleurs qui sommes le nombre, la force, le droit, si
nous nous perpétuons dans cette condition infé-
rieure et misérable que les progrès de l'industria-
lisme capitaliste ne font qu'empirer?

» Réfléchissons-y bien !

» Nous nous trouvons en présence d'une classe
dirigeante qui a montré en toute occasion, d'une
façon évidente, son mauvais vouloir, sinon son
impuissance, à modifier l'état économique des
classes laborieuses, et qui est toujours restée
sourde à notre voix.

»Il faut que cela change enfin! Et cela n'arrivera
que si nous savons fermement proclamer et affirmer avec éclat nos droits légitimes.

» Travailleurs !

» N'est-ce pas le cas de rééditer ce mot historique : *Que sommes nous ? Rien ! — Que devons-
nous et que pouvons-nous être? Tout, si nous le voulons !*

» Que chacun de nous se place par la pensée,
d'une part devant ce navrant tableau de misères

noires et de désespérance qui nous est offert partout où nos yeux peuvent s'arrêter, et d'autre part devant ce spectacle du monde entier se préparant à l'ouverture, l'an prochain, de ce vaste musée de l'activité humaine qui s'appellera l'Exposition universelle !

» D'où sortiront ces merveilles ?

» De la science, qui, elle aussi, est prolétarienne, et de vos mains à tous !

» Qui profitera de ces richesses, et cela grâce à une organisation sociale inhumaine et injuste ? — Quelques-uns seulement !

» Il en est de même tous les jours et partout, et cela parce qu'à l'exemple des nègres de l'Amérique, les travailleurs civilisés n'ont pas encore pris suffisamment conscience de leur Droit Social.

» Répétons donc avec le pamphlétaire bordelais : *Les grands ne sont grands que parce que nous les portons sur nos épaules ; levons-nous et secouons-nous, nous en joncherons la terre.*

» Camarades,

» Le troisième Congrès national des travailleurs va s'ouvrir le 28 octobre. Déjà, un grand nombre de Syndicats ont affirmé leur solidarité en envoyant au Comité leur adhésion et leur obole pour contribuer aux grands frais d'organisation. Nous avons maintenant la ferme assurance de voir réunis à ces assises du Droit nouveau des délégués de beaucoup d'organisations ouvrières de notre pays. Mais cela ne suffit pas : il faut que les résolutions que nous aurons à prendre le soient par le plus grand nombre possible de travailleurs. Nos revendications auront d'autant plus de retentissement et d'effet qu'elles ressortiront mieux comme l'expression unanime des aspirations de la masse ouvrière.

» Nous savons, certes, combien énormes pour les caisses ouvrières sont les sacrifices à faire pour envoyer des délégués au loin. Mais nous savons aussi quels miracles peuvent produire le dévouement et la solidarité, dans les circonstances où l'on est bien pénétré de l'importance de l'œuvre à accomplir.

» Ce qu'il faut souhaiter, c'est que dans chaque ville les divers Syndicats et Groupes ouvriers réunissent leurs efforts pour envoyer au moins un délégué local. Il ne faut pas d'ailleurs se priver de faire partout des démarches auprès des municipalités pour obtenir des subventions, lesquelles sont bien dues à une population déshéritée sur laquelle pèsent les plus lourdes charges.

» Voici quelques renseignements sur les frais de séjour à Bordeaux. Dans plusieurs restaurants, le repas coûte de 1 fr. 15 à 1 fr. 25. Il y a des chambres meublées à 1 franc par nuit. Quant aux frais du voyage, il est facile de s'en informer dans les gares de départ.

» Nous sommes persuadés d'ailleurs que dans

notre population bordelaise, les actes de solidarité et de fraternité ne seront pas rares pour faire bon accueil à nos hôtes et pour leur éviter bien des dépenses.

»En cas d'impossibilité absolue, les Syndicats ou Groupes pourront encore se faire représenter au Congrès par des délégués bordelais auxquels il n'y aura pas de frais de voyage à payer. S'adresser à cet effet au Comité, qui indiquera des noms et les conditions.

» Enfin, il faut que notre Congrès réunisse l'adhésion matérielle et morale de la grande majorité, sinon de l'unanimité, des Syndicats et Groupes corporatifs ouvriers de France. Voilà le but à atteindre et en vue duquel nous adressons à tous les dévoués, à tous les conscients, un pressant appel.

»Nous envoyons à tous nos camarades de France l'expression la plus sincère de nos sentiments de fraternité et de solidarité ouvrière.

» Pour le comité organisateur :

» *Le secrétaire général,*

« CARADEC.»

Chers Collègues,

Nous avons terminé le compte-rendu que nous vous devions. Nous n'avons rien omis, ni rien dissimulé.

Notre tâche est finie en tant que Commission d'organisation. Nous allons rentrer dans vos rangs comme délégués de nos Syndicats respectifs, pour prendre part à vos travaux.

Mais avant nous vous souhaiterons la bienvenue, en vous donnant l'assurance que nous ferons tous nos efforts pour vous laisser de votre passage dans notre ville le plus agréable souvenir.

Pour les membres de la Commission d'organisation du 3e Congrès national :

Le Secrétaire-Général,

CARADEC

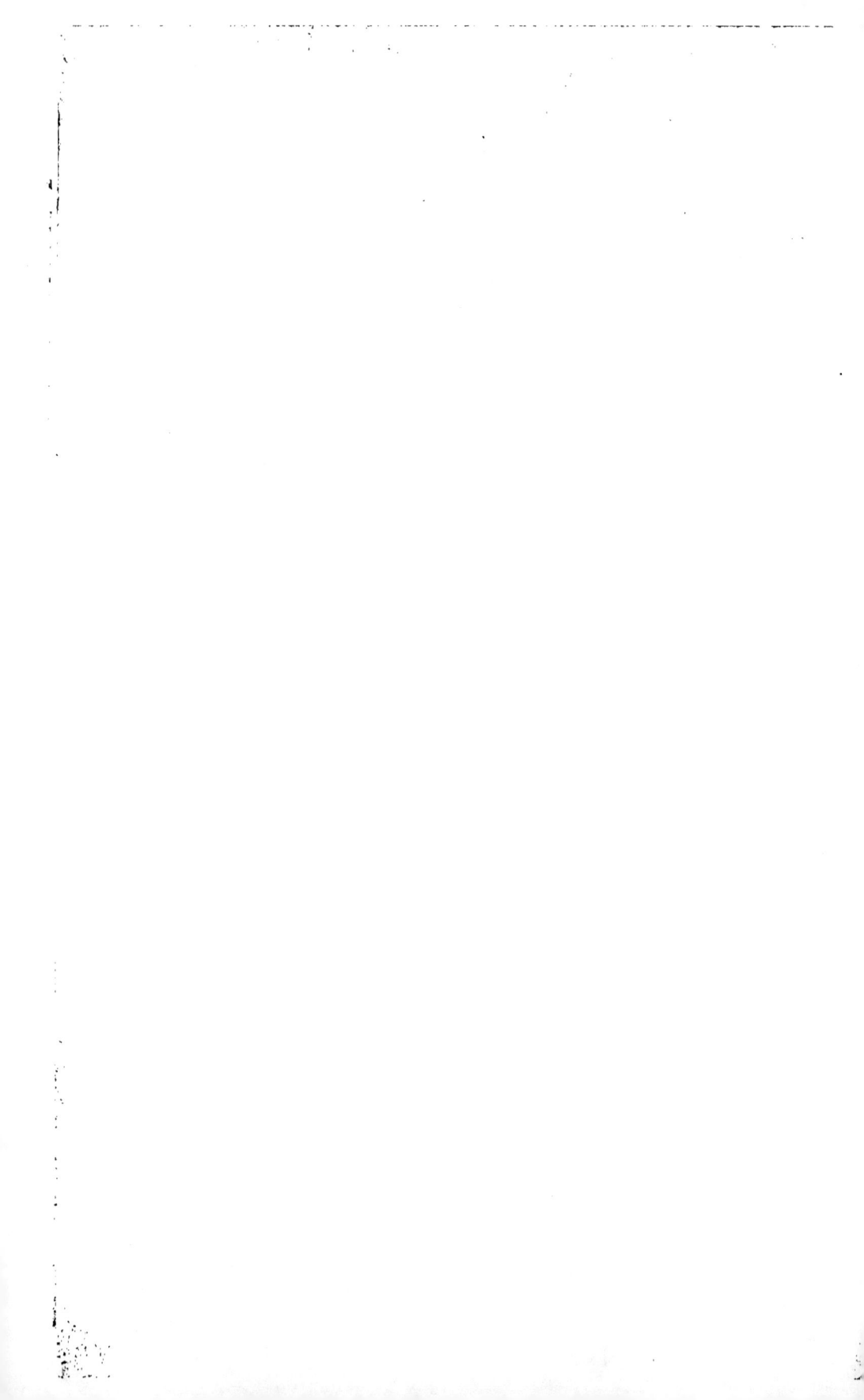

Après la lecture de ce rapport, le président Boulé adresse une allocution à l'assemblée.

Il dit que si la Commission d'organisation, pour les motifs qu'elle a expliqués, a cru devoir ne pas mettre le drapeau rouge dans la salle de nos séances, nous ne sommes pas obligés, nous tous réunis au Congrès, de nous priver du drapeau de notre classe, de l'étendard universel de la classe ouvrière, le seul à l'ombre duquel puissent logiquement se tenir les assises du travail.

Il propose donc aux délégués de décider que le drapeau rouge va être arboré immédiatement.

Il met aux voix la proposition qui est adoptée à l'unanimité. Pas une main ne se lève à la contre-épreuve.

Un moment après, on voit flotter de chaque côté de la tribune un immense drapeau rouge. Sur l'un se lit cette inscription en lettres blanches : *Emancipation des travailleurs par les travailleurs eux-mêmes ;* sur l'autre : *Fédération Nationale des Syndicats Ouvriers de France.*

Aussitôt apparaît le commissaire central qui somme le bureau d'enlever les drapeaux, sous peine de voir la séance levée.

Le bureau proteste énergiquement contre cette violation de la légalité par le soi-disant représentant de la légalité.

Il n'y pas de loi qui interdise d'arborer le drapeau rouge.

La discussion se prolongeant, de plus en plus animée, et comprenant ce que cherche la police, le président déclare la séance levée. Des délégués se mettent en devoir de détacher et d'enlever les drapeaux.

Aussitôt, voyant ses projets déjoués, le commissaire fait signe à ses agents qui se précipitent sur les drapeaux, que les délégués défendent.

La foule, franchissant les barrières qui la séparent des délégués, envahit la scène. Une bagarre s'ensuit au milieu de laquelle des coups sont échangés.

Les drapeaux restent aux mains des délégués qui les emportent. L'un de ceux-ci est assailli par une trentaine de mouchards et d'agents qui cherchent à l'assommer, le roulant dans le ruisseau où ils le piétinent.

Le citoyen Bernard Leclerc est ensuite emmené en prison, pendant qu'un camarade court mettre le drapeau en sûreté.

Le surlendemain, en police correctionnelle, notre ami est acquitté.

Un autre citoyen, Julien Georges, victime d'un concours de circonstances défavorables, est condamné à quatre mois de prison. Inconnu des membres du Congrès, personne n'a pu venir déposer en sa faveur, et il n'a pas eu de défenseur. C'est donc sur la simple affirmation des agents que cette condamnation a été prononcée. Appel est interjeté de ce jugement qui sera cassé nous l'espérons, car l'injustice est par trop flagrante.

En attendant, nous n'oublions pas ce camarade inconnu ; des collectes sont faites en sa faveur.

Le citoyen Bertin, avocat, le défendra en appel.

Le lendemain de la bagarre de la salle Saint-Paul, le sieur Baysselance, maire de Bordeaux, prenait un arrêté par lequel il déclarait interdites les réunions du Congrès ouvrier.

Ne pouvant accomplir notre mandat, toutes les salles de Bordeaux nous étant fermées, nous avons dû nous réfugier dans une petite commune voisine, au Bouscat, dont le maire, un véritable républicain, respectueux de la liberté de tous, le citoyen Ferret, conseiller général du 1er canton de Bordeaux, nous a fort bien accueillis. Il a suffi que nous lui exposions notre situation embarrassée pour qu'il nous offrit l'hospitalité : « Le territoire de ma commune est un territoire de liberté. »

Le lendemain, nous tenions notre deuxième réunion dans la salle de la mairie du Bouscat.

Dans une seconde brochure, nous donnerons un compte-rendu détaillé des travaux du Congrès ; nous donnerons en même temps de plus amples développements sur les événements survenus pendant cette période.

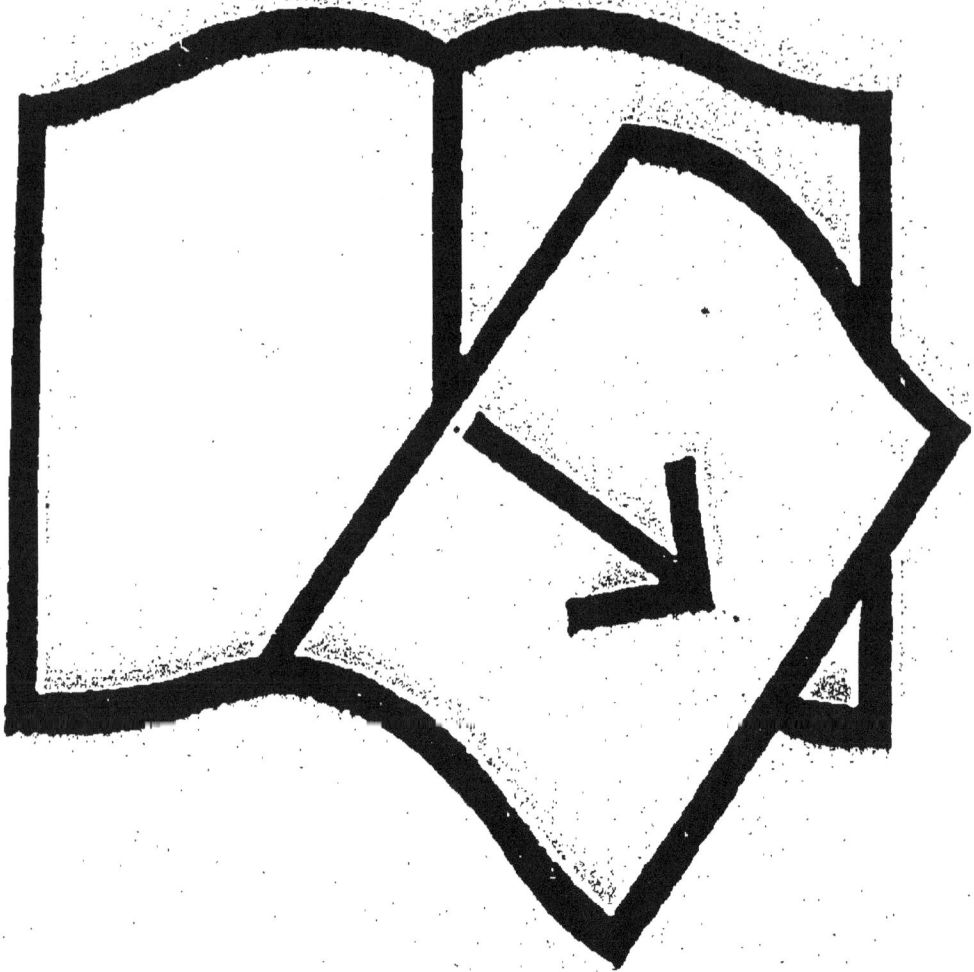

Documents manquants (pages, cahiers...)
NF Z 43-120-13

www.ingramcontent.com/pod-product-compliance
Lightning Source LLC
Chambersburg PA
CBHW050523210326
41520CB00012B/2415